ARMIDE,

DRAME HÉROÏQUE,

EN CINQ ACTES ET EN VERS;

Représenté, pour la première fois, à Paris, par l'Académie Royale de Musique, en 1686.

Le Poëme est de QUINAULT.
La Musique est de GLUCK.

A PARIS,

Chez FAGES, Libraire, au Magasin de Pièces de Théâtre, boulevard St.-Martin, n°. 29, vis-à-vis la rue de Lancry.

Imprimerie de DELAGUETTE, rue Saint-Merry, N°. 22.

1813.

PERSONNAGES.

ARMIDE, magicienne, nièce d'Hidraot.
PHÉNICE, SIDONIE, confidentes d'Armide.
HIDRAOT, magicien, roi de Damas.
PEUPLES du royaume de Damas.
ARONTE, conducteur des chevaliers qu'Armide a fait mettre aux fers.
RENAUD, le plus renommé des chevaliers du camp de Godefroi.
ARTEMIDORE, l'un des chevaliers captifs d'Armide, délivrés par Renaud.
Un DÉMON transformé en naïade.
DÉMONS transformés en nymphes, bergers et bergères.
DÉMONS volans, transformés en zéphirs.
La HAINE.
Suite de la Haine.
UBALDE, chevalier, qui va chercher Renaud.
Le chevalier DANOIS, qui va, avec Ubalde, chercher Renaud.
Un DÉMON transformé sous la figure de Mélisse.
Un DÉMON transformé sous la figure de Lucinde.
DÉMONS transformés en habitans de l'île où Armide retient Renaud enchanté.
Un PLAISIR.
DÉMONS, sous la figure d'Amans fortunés et d'Amantes heureuses, qui accompagnent Renaud dans le palais enchanté.
DÉMONS volans, qui détruisent le palais enchanté.

ARMIDE,

DRAME HÉROÏQUE.

ACTE PREMIER.

Le Théâtre représente une Place publique de la ville de Damas, ornée d'un Arc de triomphe.

SCÉNE PREMIERE.

ARMIDE, PHÉNICE, SIDONIE.

PHÉNICE.

Dans un jour de triomphe, au milieu des plaisirs,
Qui peut vous inspirer une sombre tristesse?
La gloire, la grandeur, la beauté, la jeunesse,
 Tous les biens comblent vos desirs.
  SIDONIE.
 Vous allumez une fatale flamme
  Que vous ne ressentez jamais;
  L'amour n'ose troubler la paix
   Qui règne dans votre âme?
  PHÉNICE et SIDONIE.
  Quel sort a plus d'appas!
Et qui peut être heureux, si vous ne l'êtes pas?
   PHÉNICE.
Si la guerre aujourd'hui fait craindre ses ravages,
C'est aux bords du Jourdain qu'ils doivent s'arrêter:
  Nos tranquilles rivages
  N'ont rien à redouter.
   SIDONIE.
Les enfers, s'il le faut, prendront pour nous les armes,
 Et vous savez leur imposer la loi.
   PHÉNICE.
Vos yeux n'ont eu besoin que de leurs propres charmes,
 Pour affaiblir le camp de Godefroi.

ENSEMBLE.

Ses plus vaillans guerriers, contre vous sans défense,
Sont tombés en votre puissance.

ARMIDE.

Je ne triomphe pas du plus vaillant de tous!
Renaud, pour qui ma haine a tant de violence,
L'indomptable Renaud, échappe à mon courroux.
Tout le camp ennemi pour moi devint sensible,
Et lui seul, toujours invincible,
Fit gloire de me voir d'un œil indifférent.
Il est dans l'âge aimable où, sans effort, on aime...
Non, je ne puis manquer, sans un dépit extrême,
La conquête d'un cœur si superbe et si grand.

SIDONIE.

Qu'importe qu'un captif manque à votre victoire!
On en voit dans vos fers assez d'autres témoins;
Et pour un esclave de moins,
Un triomphe si beau perdra peu de sa gloire.

PHÉNICE.

Pourquoi voulez-vous songer
A ce qui peut vous déplaire?
Il est plus sûr de se venger
Par l'oubli que par la colère.

ARMIDE.

Les enfers on prédit, cent fois,
Que contre ce guerrier nos armes seront vaines,
Et qu'il vaincra nos plus grands rois :
Ah! qu'il me serait doux de l'accabler de chaînes,
Et d'arrêter le cours de ses exploits!
Que je le hais! que son mépris m'outrage!
Qu'il sera fier d'éviter l'esclavage
Où je tiens tant d'autres héros!
Incessamment son importune image,
Malgré moi, trouble mon repos.
Un songe affreux m'inspire une fureur nouvelle
Contre ce funeste ennemi;
J'ai cru le voir, j'en ai frémi!
J'ai cru qu'il me frappait d'une atteinte mortelle.
Je suis tombée aux pieds de ce cruel vainqueur;
Rien ne fléchissait sa rigueur;
Et par un charme inconcevable,
Je me sentais contrainte à le trouver aimable,
Dans le fatal moment qu'il me perçait le cœur.

SIDONIE.

Vous troublez-vous d'une image légère
Que le sommeil produit?
Le beau jour qui vous luit
Doit dissiper cette vaine chimère.

Ainsi qu'il a détruit
Les ombres de la nuit.

SCENE II.

HIDRAOT *et sa suite*; **ARMIDE, PHÉNICE, SIDONIE.**

HIDRAOT.

Armide, que le sang qui m'unit avec vous
Me rend sensible aux soins que l'on prend pour vous plaire!
Que votre triomphe m'est doux!
Que j'aime à voir briller le beau jour qui l'éclaire!
Je n'aurais plus de vœux à faire,
Si vous choisissiez un époux.
Je vois de près la mort qui me menace;
Et bientôt l'âge qui me glace
Va m'accabler sous son pesant fardeau :
C'est le dernier bien où j'aspire,
Que de voir notre hymen promettre à cet empire
Des rois formés d'un sang si beau!
Sans me plaindre du sort, je cesserai de vivre,
Si ce doux espoir peut me suivre
Dans l'affreuse nuit du tombeau.

ARMIDE.

La chaîne de l'hymen m'étonne ;
Je crains les plus aimables nœuds.
Ah! qu'un cœur devient malheureux,
Quand la liberté l'abandonne!

HIDRAOT.

Pour vous, quand il vous plaît, tout l'enfer est armé :
Vous êtes plus savante en mon art que moi-même :
De grands rois à vos pieds mettent leur diadème ;
Qui vous voit un moment, est pour jamais charmé.
Pouvez-vous mieux goûter votre bonheur extrême
Qu'avec un époux qui vous aime,
Et qui soit digne d'être aimé ?

ARMIDE.

Contre mes ennemis, à mon gré je déchaîne
Le noir empire des enfers;
L'amour met des rois dans mes fers;
Je suis de mille amans maitresse souveraine;
Mais je fais mon plus grand bonheur
D'être maîtresse de mon cœur.

HIDRAOT.

Bornez-vous vos desirs à la gloire cruelle,
Des maux que fait votre beauté?
Ne serez-vous jamais votre félicité

Du bonheur d'un amant fidèle?
ARMIDE.
Si je dois m'engager un jour,
Au moins vous devez croire
Qu'il faudra que ce soit la gloire
Qui livre mon cœur à l'amour.
Pour devenir mon maître,
Ce n'est point assez d'être roi :
Ce sera la valeur qui me fera connaître
Celui qui mérite ma foi :
Le vainqueur de Renaud, si quelqu'un le peut-être,
Sera digne de moi.

SCENE III.

HIDRAOT, ARMIDE, PHÉNICE, SIDONIE,
Peuple de Damas chantant et dansant.

HIDRAOT.
Armide est encor plus aimable,
Qu'elle n'est redoutable :
Que son triomphe est glorieux !
Ses charmes les plus forts sont ceux de ses beaux yeux.
Elle n'a pas besoin d'emprunter l'art terrible
Qui sait, quand il lui plait, faire armer les enfers ;
Sa beauté trouve tout possible :
Nos plus fiers ennemis gémissent dans ses fers.
LE CHOEUR.
Armide est encor plus aimable, etc.
PHÉNICE et LE CHOEUR.
Suivons Armide, et chantons sa victoire ;
Tout l'univers retentit de sa gloire.
PHÉNICE.
Nos ennemis, affaiblis et troublés,
N'étendront plus le progrès de leurs armes ;
Ah ! quel bonheur ! nos desirs sont comblés,
Sans nous coûter ni de sang ni de larmes.
SIDONIE.
L'ardent amour qui la suit en tous lieux,
S'attache aux cœurs qu'elle veut qu'il enflamme ;
Il est content de régner dans ses yeux,
Et n'ose encor passer jusqu'à son âme.
SIDONIE et LE CHOEUR.
Que la douceur d'un triomphe est extrême,
Quand on n'en doit tout l'honneur qu'à soi-même !
PHÉNICE.
Nous n'avons point fait armer nos soldats ;

Sans leur secours, Armide est triomphante:
Tout son pouvoir est dans ses doux appas;
Rien n'est si fort que sa beauté charmante.

SIDONIE.

La belle Armide a su vaincre aisément
De fiers guerriers plus craints que le tonnerre,
Et ses regards ont, en moins d'un moment,
Donné des lois aux vainqueurs de la terre.

SCENE IV.

ARONTE, HIDRAOT, ARMIDE, PHENICE, SIDONIE, *Peuple de Damas.*

ARONTE, *blessé, tenant à la main un tronçon d'épée.*
O ciel! ô disgrace cruelle!
Je conduisais vos captifs avec soin;
J'ai tout tenté pour vous marquer mon zèle;
Mon sang qui coule en est témoin.

ARMIDE.

Mais où sont mes captifs?

ARONTE.

Un guerrier indomptable
Les a délivrés tous.

ARMIDE, HIDRAOT et LE CHOEUR.

Un seul guerrier! que dites-vous?
Ciel!

ARONTE.

De nos ennemis, c'est le plus redoutable.
Nos plus vaillans soldats sont tombés sous ses coups:
Rien ne peut résister à sa valeur extrême...

ARMIDE.

O ciel! c'est Renaud.

ARONTE.

C'est lui-même.

ARMIDE, HIDRAOT et LE CHOEUR.

Poursuivons jusqu'au trépas
L'ennemi qui nous offense:
Qu'il n'échappe pas
A notre vengeance.

Fin du premier acte.

ACTE II.

Le Théâtre change, et représente une Campagne, où une Rivière forme une Isle agréable.

SCENE PREMIERE.
ARTEMIDORE, RENAUD.

ARTÉMIDORE.

Invincible héros, c'est par votre courage
Que j'échappe aux rigueurs d'un funeste esclavage;
Après ce généreux secours,
Puis-je me dispenser de vous suivre toujours?

RENAUD.

Allez, allez remplir ma place
Aux lieux d'où mon malheur me chasse.
Le fier Gernand m'a contraint à punir
Sa téméraire audace:
D'une indigne prison Godefroi me menace,
Et de son camp m'oblige à me bannir:
Je m'en éloigne avec contrainte.
Heureux si j'avais pu consacrer mes exploits
A délivrer la cité sainte,
Qui gémit sous de dures lois;
Suivez les guerriers, qu'un beau zèle
Presse de signaler leur valeur et leur foi:
Cherchez une gloire immortelle;
Je veux dans mon exil n'envelopper que moi.

ARTÉMIDORE.

Sans vous, que peut-on entreprendre?
Celui qui vous bannit ne pourra se défendre
De souhaiter votre retour.
S'il faut que je vous quitte, au moins ne puis-je apprendre
En quels lieux vous allez choisir votre séjour?

RENAUD.

Le repos me fait violence,
La seule gloire a pour moi des appas:
Je prétends adresser mes pas
Où la justice et l'innocence
Auront besoin du secours de mon bras.

ARTÉMIDORE.

Fuyez les lieux où règne Armide,
Si vous cherchez à vivre heureux:
Pour le cœur le plus intrépide,
Elle a des charmes dangereux.

C'est une ennemie implacable,
Evitez ses ressentimens.
Puisse le ciel à mes vœux favorables,
Vous garantir de ses enchantemens.
RENAUD.
Par une heureuse indifférence,
Mon cœur s'est dérobé sans peine à sa puissance ;
Je la vis seulement d'un regard curieux.
Est-il plus mal-aisé d'éviter sa vengeance,
Que d'échapper au pouvoir de ses yeux ?
J'aime la liberté, rien n'a pu me contraindre
A m'engager jusqu'à ce jour :
Quand on peut mépriser les charmes de l'amour,
Quels enchantemens peut-on craindre ?
(Ils sortent.)

SCÈNE II.

ARMIDE, HIDRAOT.

HIDRAOT.
Arrêtons-nous ici : c'est dans ce lieu fatal
Que la fureur qui nous anime
Ordonne à l'empire infernal
De conduire notre victime.
ARMIDE.
Que l'enfer aujourd'hui tarde à suivre nos loix !
HIDRAOT.
Pour achever le charme, il faut unir nos voix.
HIDRAOT et ARMIDE.
Esprits de haine et de rage,
Démons ! obéissez-nous ;
Livrez à notre courroux
L'ennemi qui nous outrage.
Esprits de haine et de rage,
Démons, obéissez-nous.
ARMIDE.
Démons affreux, cachez-vous
Sous une agréable image ;
Enchantez ce fier courage
Par les charmes les plus doux.
HIDRAOT et ARMIDE.
Esprits de haine et de rage, etc.
(Armide aperçoit Renaud qui s'approche des bords de la rivière.)
ARMIDE.
Dans le piége fatal notre ennemi s'engage.

HIDRAOT.

Nos soldats sont cachés dans le prochain bocage ;
Il faut que sur Renaud ils viennent fondre tous.

ARMIDE.

Cette victime est mon partage :
Laissez-moi l'immoler, laissez-moi l'avantage
De voir ce cœur superbe expirer de mes coups.

Hidraot et Armide se retirent. Renaud s'arrête pour considérer les bords du fleuve, et quitte une partie de ses armes pour prendre le frais.)

SCENE III.

RENAUD, seul.

Plus j'observe ces lieux et plus je les admire :
Ce fleuve coule lentement,
Et s'éloigne à regret d'un séjour si charmant.
Les plus aimables fleurs et le plus doux zéphire
Parfument l'air qu'on y respire.
Non, je ne puis quitter des rivages si beaux :
Un son harmonieux se mêle au bruit des eaux.
Les oiseaux enchantés se taisent pour l'entendre.
Des charmes du sommeil j'ai peine à me défendre,
Ce gason, cet ombrage frais,
Tout m'invite au repos sous ce feuillage épais.

(Il s'endort sur un gason au bord de la rivière.)

SCENE IV.

RENAUD endormi, UNE NAIADE qui sort du fleuve, Troupes de Nymphes, Bergers et Bergères.

LA NAÏADE.

Au temps heureux où l'on sait plaire,
Qu'il est doux d'aimer tendrement !
Pourquoi dans les périls, avec empressement,
Chercher d'un vain honneur l'éclat imaginaire ?
Pour une trompeuse chimère
Faut-il quitter un bien charmant ?

LE CHOEUR.

Ah ! quelle erreur, quelle folie
De ne pas jouir de la vie !
C'est aux jeux, c'est aux amours
Qu'il faut donner les beaux jours.

(Les Demons, sous la figure des Nymphes, des Bergers et des Bergères, enchantent Renaud, et l'enchaînent durant son sommeil avec des guirlandes de fleurs.)

UNE BERGÈRE.

On s'étonnerait moins que la saison nouvelle
Revînt sans amener les fleurs et les zéphirs,
Que de voir de nos ans la saison la plus belle
    Sans l'amour et sans les plaisirs.
Laissons au tendre amour la jeunesse en partage;
La sagesse a son temps; il ne vient que trop tôt;
    Ce n'est pas être sage,
    D'être plus sage qu'il ne faut. *(On danse.)*

SCENE V.

ARMIDE, RENAUD *endormi*.

ARMIDE, *un poignard à la main.*
    Enfin, il est en ma puissance,
Ce fatal ennemi, ce superbe vainqueur !
Le charme du sommeil le livre à ma vengeance;
    Je vais percer son invincible cœur.
Par lui tous mes captifs sont sortis d'esclavage;
    Qu'il éprouve toute ma rage !
(Armide va pour frapper Renaud, et ne peut exécuter le dessein qu'elle a de lui ôter la vie.)
Quel trouble me saisit ! qui me fait hésiter ?
Qu'est-ce qu'en sa faveur la pitié me veut dire ?
    Frappons... Ciel ! qui peut m'arrêter ?
Achevons... Je frémis ! vengeons-nous... je soupire !
Est-ce ainsi que je dois me venger aujourd'hui ?
Ma colère s'éteint quand j'approche de lui.
    Plus je le vois, plus ma fureur est vaine;
    Mon bras tremblant se refuse à ma haine.
Ah ! quelle cruauté de lui ravir le jour !
A ce jeune héros tout cède sur la terre.
Qui croirait qu'il fût né seulement pour la guerre ?
    Il semble être fait pour l'amour.
Ne puis-je me venger à moins qu'il ne périsse ?
Hé, ne suffit-il pas que l'amour le punisse ?
Puisqu'il n'a pu trouver mes yeux assez charmans,
Qu'il m'aime au moins par mes enchantemens.
    Que, s'il se peut, je le haïsse.
    Venez, secondez mes desirs,
Démons, transformez-vous en d'aimables zéphirs.
Je cède à ce vainqueur, la pitié me surmonte;
    Cachez ma faiblesse et ma honte
    Dans les plus reculés déserts.
Volez; conduisez-nous au bout de l'univers.
(Les démons, transformés en zéphirs, enlèvent Renaud et Armide.)

ACTE III.

Le Théâtre change et représente un Désert.

SCENE PREMIERE.
ARMIDE, seule.

Ah! si la liberté me doit être ravie,
　　Est-ce à toi d'être mon vainqueur?
Trop funeste ennemi du bonheur de ma vie,
Faut-il que, malgré moi, tu règnes dans mon cœur?
Le desir de ta mort fut ma plus chère envie,
Comment as-tu changé ma colére en langueur?
En vain, de mille amans je me voyais suivie;
　　Aucun n'a fléchi ma rigueur:
Se peut-il que Renaud tienne Armide asservie!

SCENE II.
ARMIDE, PHENICE, SIDONIE.

PHÉNICE.
Que ne peut point votre art! la force en est extrême;
　　Quel prodige! quel changement!
　　Renaud, qui fut si fier, vous aime;
　　On n'a jamais aimé si tendrement.
SIDONIE.
Montrez-vous à ses yeux, soyez témoin vous-même
Du merveilleux effet de votre enchantement.
ARMIDE.
Il m'aime? quel amour! ma honte s'en augmente,
Dois-je être aimée ainsi? puis-je en être contente?
　　C'est un vain triomphe, un faux bien.
Hélas! que son amour est différent du mien!
J'ai recours aux enfers pour allumer sa flâme,
C'est l'effort de mon art qui peut tout sur son âme,
　　Ma faible beauté n'y peut rien.
Par son propre mérite il suspend ma vengeance;
Sans secours, sans efforts, même sans qu'il y pense,
Il enchaîne mon cœur d'un trop charmant lien.
Hélas! que mon amour est différent du sien!
　　Quelle vengeance ai-je à prétendre,

Si je le veux aimer toujours ?
Quoi ! céder sans rien entreprendre !
Non, il faut appeler la Haine à mon secours.
L'horreur de ces lieux solitaires
Par mon art va se redoubler.
Détournez vos regards de mes affreux mystères,
Et sur-tout empêchez Renaud de me troubler.

SCENE III.

ARMIDE, seule.

Venez, venez, Haine implacable !
Sortez du gouffre épouvantable
Où vous faites régner une éternelle horreur :
Sauvez-moi de l'amour, rien n'est si redoutable :
Contre un ennemi trop aimable
Rendez-moi mon courroux, rallumez ma fureur.

SCENE IV.

ARMIDE, LA HAINE et sa suite.

LA HAINE.

Je réponds à tes vœux, ta voix s'est fait entendre
Jusque dans le fond des enfers.
Pour toi, contre l'amour, je vais tout entreprendre ;
Et quand on veut bien s'en défendre,
On peut se garantir de ses indignes fers.

LE CHOEUR.

Plus on connaît l'amour, et plus on le déteste :
Détruisons son pouvoir funeste ;
Rompons ses nœuds, déchirons son bandeau,
Brûlons ses traits, éteignons son flambeau !
(On danse. La suite de la Haine commence l'enchantement qui doit détruire le pouvoir de l'amour.)

LA HAINE.

Amour, sors pour jamais, sors d'un cœur qui te chasse ;
Laisse-moi régner en ta place ;
Tu fais trop souffrir sous ta loi ;
Non, tout l'enfer n'a rien de si cruel que toi.

LE CHOEUR.

Amour, sors pour jamais, sors d'un cœur qui te chasse ;
Que la Haine règne en ta place ;
Tu fais trop souffrir sous ta loi ;
Non, tout l'enfer n'a rien de si cruel que toi.
(La suite de la Haine témoigne qu'elle se prépare à triompher de l'amour.)

LA HAINE.
Sors, sors du sein d'Armide, amour, brise ta chaîne.
ARMIDE.
Arrête, arrête, affreuse Haine!
Laisse-moi sous les loix d'un si charmant vainqueur;
Laisse-moi; je renonce à ton secours horrible.
LE CHOEUR.
Sors, sors du sein d'Armide, amour, brise ta chaîne.
ARMIDE.
Non, non, n'achève pas; non, il n'est pas possible
De m'ôter mon amour, sans m'arracher le cœur!
LA HAINE.
N'implores-tu mon assistance
Que pour mépriser ma puissance?
Suis l'amour, puisque tu le veux,
Infortunée Armide;
Suis l'amour qui te guide
Dans un abyme affreux.
LE CHOEUR.
Suis l'amour, puisque tu le veux, etc.
LA HAINE.
Sur ces bords écartés, c'est en vain que tu caches
Le héros dont ton cœur s'est trop laissé toucher:
La gloire, à qui tu l'arraches,
Doit bientôt te l'arracher.
Malgré tes soins, au mépris de tes larmes,
Tu le verras échapper à tes charmes.
Tu me rappelleras peut-être dès ce jour,
Et ton attente sera vaine;
Je vais te quitter sans retour.
Je ne puis te punir d'une plus rude peine,
Que de t'abandonner pour jamais à l'amour.
Suis l'amour, etc.
(*La Haine et sa suite s'abîment.*)

SCENE V.

ARMIDE, *seule.*

O! ciel, quelle horrible menace!
Je frémis, tout mon sang se glace.
Amour, puissant amour, viens calmer mon effroi,
Et prends pitié d'un cœur qui s'abandonne à toi.

Fin du troisième acte.

ACTE IV.

SCENE PREMIERE.

UBALDE, LE CHEVALIER DANOIS.

Ubalde porte un bouclier de diamans, et tient un sceptre d'or que lui ont été donnés par un Magicien, pour dissiper les enchantemens d'Armide, et pour délivrer Renaud. Le Chevalier danois porte une épée qu'il doit présenter à Renaud.
(*Une vapeur s'élève et se répand dans le désert qui a paru au troisième acte. Des monstres paraissent.*)

UBALDE et LE CHEVALIER DANOIS.

Nous ne trouvons partout que des gouffres ouverts ;
Armide a, dans ces lieux, transporté les enfers.
      Ah ! que d'objets horribles !
      Que de monstres terribles !
(*Le Chevalier danois attaque les monstres : Ubalde le retient, et dit, en lui montrant le sceptre d'or qu'il porte:*)
UBALDE.
Celui qui nous envoie a prévu ce danger,
Et nous a montré l'art de nous en dégager :
    Ne craignons point Armide ni ses charmes ;
    Par ce secours, plus puissant que nos armes,
    Nous en serons aisément garantis.
      Laissez-nous un libre passage ;
Monstres, allez cacher votre inutile rage
Dans l'abîme profond d'où vous êtes sortis.
(*Les monstres se retirent, et la vapeur se dissipe ; le désert disparaît et se change en une campagne agréable.*)
LE CHEVALIER DANOIS.
Allons chercher Renaud : le ciel nous favorise
    Dans notre pénible entreprise.
    Ce qui peut flatter nos desirs
Doit à son tour tenter de nous surprendre :
C'est désormais du charme des plaisirs
    Que nous aurons à nous défendre.
UBALDE et le CHEVALIER DANOIS.
    Redoublons nos soins, gardons-nous
      Des périls agréables :
    Les enchantemens les plus doux
      Sont les plus redoutables.

UBALDE.
On voit d'ici le séjour enchanté
D'Armide et du héros qu'elle aime.
Dans ce palais Renaud est arrêté
Par un charme fatal dont la force est extrême ;
C'est là que ce vainqueur si fier, si redouté,
Oubliant tout jusqu'à lui-même,
Est réduit à languir, avec indignité,
Dans une molle oisiveté.

LE CHEVALIER DANOIS.
En vain tout l'enfer s'intéresse
Dans l'amour qui séduit un cœur si glorieux :
Si sur ce bouclier Renaud tourne les yeux,
Il rougira de sa faiblesse,
Et nous l'engagerons à partir de ces lieux.

SCENE II.

UBALDE, LE CHEVALIER DANOIS.

Un Démon, sous la figure de Lucinde, fille danoise aimée du Chevalier danois. Démons transformés en habitans de l'île qu'Armide a choisie pour y retenir Renaud enchanté. (Le divertissement commence.)

LUCINDE.
Voici la charmante retraite
De la félicité parfaite ;
Voici l'heureux séjour
Des jeux et de l'amour.

LE CHŒUR.
Voici, etc.   (On danse.)

UBALDE, *au Chevalier danois.*
Allons : qui vous retient encore ?
Allons : c'est trop nous arrêter.

LE CHEVALIER DANOIS.
Je vois la beauté que j'adore,
C'est elle, je n'en puis douter.

LUCINDE.
Jamais dans ces beaux lieux notre attente n'est vaine,
Le bien que nous cherchons se vient offrir à nous ;
Et pour l'avoir trouvé sans peine,
Nous ne l'en trouvons pas moins doux.

LE CHŒUR.
Jamais, etc.

LUCINDE, *parlant au Chevalier danois.*
Enfin je vois l'amant pour qui mon cœur soupire,
Je retrouve le bien que j'ai tant souhaité.

LE CHEVALIER DANOIS.
Puis-je voir ici la beauté
Qui m'a soumis à son empire ?
UBALDE.
Non, ce n'est qu'un charme trompeur
Dont il faut garder votre cœur.
LE CHEVALIER DANOIS à *Lucinde*.
Si loin des bords glacés où vous prîtes naissance,
Qui peut vous offrir à mes yeux ?
LUCINDE.
Par une magique puissance,
Armide m'a conduite en ces aimables lieux,
Et je vivais dans la douce espérance
D'y voir bientôt ce que j'aime le mieux.
UBALDE.
Fuyez : faites-vous violence.
LUCINDE.
Goutons les doux plaisirs que, pour nos cœurs fidèles,
Dans cet heureux séjour l'amour a préparés.
Le devoir, par des lois cruelles,
Ne nous a que trop séparés.
UBALDE et le CHEVALIER DANOIS.
Fuyez : faites-vous violence,
LE CHEVALIER DANOIS.
L'amour ne me le permet pas ;
Contre de si charmans appas
Mon cœur est sans défense.
UBALDE.
Est-ce là cette fermeté
Dont vous vous êtes tant vanté ?
LUCINDE et le CHEVALIER DANOIS.
Jouissons du bonheur suprême
D'aimer et d'être aimé de même.
Hé quel autre bien peut valoir
Le plaisir de voir ce qu'on aime?
Hé quel plaisir peut valoir
Le plaisir de vous voir ?
UBALDE.
Malgré la puissance infernale,
Malgré vous-même il faut vous détromper.
Ce septre d'or peut dissiper
Une erreur si fatale.
(*Ubalde touche Lucinde avec le septre d'or qu'il tient,
et Lucinde disparaît aussitôt*)

SCENE III.

LE CHEVALIER DANOIS, UBALDE.

LE CHEVALIER DANOIS.
Je tourne en vain les yeux de toutes parts,
Je ne vois plus cette beauté si chère;
Elle s'échappe à mes regards
Comme une vapeur légère.
UBALDE.
Ce que l'amour a de charmant
N'est qu'une illusion, qui ne laisse après elle
Qu'une honte éternelle.
Ce que l'amour a de charmant
N'est qu'un funeste enchantement.
LE CHEVALIER DANOIS.
Je vois le danger où s'expose
Un cœur qui ne fuit pas un charme si puissant;
Que vous êtes heureux, si vous êtes exempt
Des faiblesses que l'amour cause!
UBALDE.
Non, je n'ai point gardé mon cœur jusqu'à ce jour;
Près de l'objet que j'aime, il m'était doux de vivre;
Mais quand la gloire ordonne de la suivre,
Il faut laisser gémir l'amour.
Des charmes les plus forts la raison me dégage,
Rien ne nous doit ici retenir davantage;
Profitons des conseils que l'on nous a donnés.

Fin du quatrième acte.

ACTE V.

Le Théâtre représente le Palais enchanté d'Armide

SCENE PREMIÈRE.

RENAUD, ARMIDE.

RENAUD, *sans armes, paré de guirlandes de fleurs.*

Armide, vous m'allez quitter!
ARMIDE.
J'ai besoin des enfers, je vais les consulter;
Mon art veut de la solitude.

L'amour que j'ai pour vous cause l'inquiétude
Dont mon cœur se sent agiter.
RENAUD.
Armide, vous m'allez quitter !
ARMIDE.
Voyez en quels lieux je vous laisse.
RENAUD.
Puis-je rien voir que vos appas ?
ARMIDE.
Les plaisirs vous suivront sans cesse.
RENAUD.
En est-il où vous n'êtes pas ?
ARMIDE.
Un noir pressentiment me trouble et me tourmente ;
Il m'annonce un malheur que je veux prévenir ;
Plus notre bonheur m'enchante,
Plus je crains de le voir finir.
RENAUD.
D'une vaine terreur pouvez-vous être atteinte,
Vous qui faites trembler le ténébreux séjour ?
ARMIDE.
Vous m'apprenez à connaître l'amour,
L'amour m'apprend à connaître la crainte.
Vous brûliez pour la gloire avant que de m'aimer,
Vous la cherchiez par-tout d'une ardeur sans égale :
La gloire est une rivale
Qui doit toujours m'allarmer.
RENAUD.
Que j'étais insensé de croire
Qu'un vain laurier, donné par la victoire,
De tous les biens fût le plus précieux ?
Tout l'éclat dont brille la gloire,
Vaut-il un regard de vos yeux.
Est-il un bien si charmant et si rare,
Que celui dont l'amour veut combler mon espoir ?
ARMIDE.
La sévère raison, et le devoir barbare
Sur les héros n'ont que trop de pouvoir.
RENAUD.
J'en suis plus amoureux, plus la raison m'éclaire.
Vous aimer, belle Armide, est mon premier devoir :
Je fais ma gloire de vous plaire,
Et tout mon bonheur de vous voir.
ARMIDE.
Que sous d'aimables lois mon âme est asservie !
RENAUD.
Qu'il m'est doux de vous voir partager ma langueur !

ARMIDE.
Qu'il m'est doux d'enchaîner un si fameux vainqueur!
RENAUD.
Que mes fers sont dignes d'envie!
ENSEMBLE.
Aimons-nous, tout nous y convie.
Ah! si vous aviez la rigueur
De m'ôter votre cœur,
Vous m'ôteriez la vie,
RENAUD.
Non, je perdrai plutôt le jour,
Que d'éteindre ma flamme!
ARMIDE.
Non rien ne peut changer mon âme!
ENSEMBLE.
Non, je perdrai plutôt le jour,
Que de me dégager d'un si charmant amour!
Non, je perdrai plutôt le jour,
Que d'éteindre ma flamme!
Non, rien ne peut changer mon âme!
Non, je perdrai plutôt le jour,
Que de me dégager d'un si charmant amour!
ARMIDE.
Témoin de notre amour extrême,
Vous qui suivez mes lois dans ce séjour heureux,
Jusques à mon retour, par d'agréables jeux,
Occupez le héros que j'aime.

SCÈNE II.

RENAUD, les PLAISIRS, Amans fortunés et Amantes heureuses, qui, par leurs danses et leurs chants, s'efforcent d'occuper agréablement Renaud pendant l'absence d'Armide. (*On danse.*)

UN PLAISIR et les CHŒURS.

Les plaisirs ont choisi pour asyle
Ce séjour agréable et tranquille;
Que ces lieux sont charmans,
Pour les heureux amans?
(*On danse.*)
C'est l'amour qui retient dans ses chaînes
Mille oiseaux qu'en nos bois nuit et jour on entend;
Si l'amour ne causait que des peines,
Les oiseaux amoureux ne chanteraient pas tant.
(*On danse.*)
Jeunes cœurs, tout vous est favorable,

Profitez d'un bonheur peu durable;
Dans l'hiver de nos ans l'amour ne règne plus;
Les beaux jours que l'on perd, sont pour jamais perdus.

RENAUD.

Allez, éloignez-vous de moi,
Doux plaisirs; attendez qu'Armide vous ramène:
Sans la beauté qui me tient sous sa loi,
Rien ne me plaît; tout augmente ma peine.

(*Les Plaisirs, les Amans fortunés, les Amantes heureuses se retirent.*)

SCENE III.

RENAUD, UBALDE, LE CHEV. DANOIS.

UBALDE.

Il est seul; profitons d'un temps si précieux.
(*Ubalde présente le bouclier de diamans aux yeux de Renaud.*)

RENAUD.

Que vois-je! quel éclat me vient frapper les yeux?

UBALDE.

Le ciel veut vous faire connaître
L'erreur dont vos sens sont séduits.

RENAUD.

Ciel! quelle honte de paraître
Dans l'indigne état où je suis!

UBALDE.

Notre général vous rappelle;
La victoire vous garde une palme immortelle;
Tout doit presser votre retour.
De cent divers climats, chacun court à la guerre;
Renaud seul, au bout de la terre,
Caché dans un charmant séjour,
Veut-il suivre un honteux amour?

RENAUD.

Vains ornemens d'une indigne mollesse
Ne m'offrez plus vos frivoles attraits:
Restes honteux de ma faiblesse,
Allez, quittez-moi pour jamais.
(*Renaud arrache les guirlandes de fleurs dont il est paré. Il reçoit le bouclier de diamans que lui donne Ubalde, et une épée que lui présente le Chevalier danois.*)

LE CHEVALIER DANOIS.

Dérobez-vous aux pleurs d'Armide:
C'est l'unique danger dont votre âme intrépide
A besoin de se garantir.

Dans ces lieux enchantés la volupté préside,
Vous n'en sauriez trop tôt sortir.
UBALDE.
Allons, hâtons-nous de partir.

SCENE IV.

Les précédens, ARMIDE.

ARMIDE, *suivant Renaud.*
Renaud ! ciel ! ô mortelle peine !
Vous partez, Renaud ! vous partez !
Démons ! suivez ses pas, volez, et l'arrêtez.
Hélas ! tout me trahit, et ma puissance est vaine !
Renaud ! ciel ! ô mortelle peine !
Mes cris ne sont pas écoutés !
Vous partez, Renaud, vous partez !
(*Renaud s'arrête pour écouter Armide qui continue de lui parler.*)
Si je ne vous vois plus, croyez-vous que je vive.
Ai-je pu mériter un si cruel tourment ?
Au moins comme ennemi, si ce n'est comme amant,
Emmenez Armide captive.
J'irai dans les combats, j'irai m'offrir aux coups
Qui seront destinés pour vous :
Renaud pourvu que je vous suive,
Le sort le plus affreux me paraîtra trop doux.

RENAUD.
Armide, il est temps que j'évite
Le péril trop charmant que je trouve à vous voir.
La gloire veut que je vous quitte ;
Elle ordonne à l'amour de céder au devoir.
Si vous souffrez, vous pouvez croire
Que je m'éloigne à regret de vos yeux ;
Vous régnerez toujours dans ma mémoire ;
Vous serez, après la gloire,
Ce que j'aimerai le mieux.

ARMIDE.
Non, jamais de l'amour tu n'as senti le charme !
Tu te plais à causer de funestes malheurs.
Tu m'entends soupirer, tu vois couler mes pleurs,
Sans me rendre un soupir, sans verser une larme.
Par les nœuds les plus doux, je te conjure en vain ;
Tu suis un fier devoir, tu veux qu'il nous sépare.
Non, non, ton cœur n'a rien d'humain,
Le cœur d'un tigre est moins barbare !
Je mourrai si tu pars, et tu n'en peux douter ;

Ingrat! sans toi je ne puis vivre.
Mais, après mon trépas, ne crois pas éviter
Mon ombre, obstinée à te suivre :
Tu la verras s'armer contre ton cœur sans foi ;
Tu la trouveras inflexible,
Comme tu l'as été pour moi ;
Et sa fureur, s'il est possible,
Egalera l'amour dont j'ai brûlé pour toi...
Ah! la lumière m'est ravie,
Barbare, est-tu content?
Tu jouis, en partant,
Du plaisir de m'ôter la vie!
(Armide tombe, et s'évanouit.)

RENAUD.

Trop malheureuse Armide, hélas!
Que ton destin est déplorable!

UBALDE et LE CHEVALIER DANOIS.

Il faut partir, hâtez vos pas ;
La gloire attend de vous un cœur inébranlable.

RENAUD.

Non, la gloire n'ordonne pas
Qu'un grand cœur soit impitoyable.

UBALDE ET LE CHEVALIER DANOIS, *emmenant Renaud malgré lui.*

Il faut vous arracher aux dangereux appas
D'un objet trop aimable.

RENAUD.

Trop malheureuse Armide, hélas!
Que ton destin est déplorable!

(Ils sortent.)

SCENE V ET DERNIÈRE.

ARMIDE, *seule.*

Le perfide Renaud me fuit!
Tout perfide qu'il est, mon lâche cœur le suit ;
Il me laisse mourante ; il veut que je périsse.
A regret je revois la clarté qui me luit ;
L'horreur de l'éternelle nuit
Cède à l'horreur de mon supplice.
Le perfide Renaud me fuit!
Tout perfide qu'il est, mon lâche cœur le suit.
Quand le barbare était en ma puissance,
Que n'ai-je cru la Haine et la Vengeance!
Que n'ai-je suivi leurs transports!
Il m'échappe, il s'éloigne, il va quitter ces bords ;

Il brave l'enfer et ma rage;
Il est déjà près du rivage!
Je fais pour m'y traîner d'inutiles efforts.
Traître! attends... je le tiens... je tiens son cœur perfide.
Ah! je l'immole à ma fureur!...
Que dis-je? où suis-je? hélas! infortunée Armide,
Où t'emporte une aveugle erreur?
L'espoir de la vengeance est le seul qui me reste.
Fuyez, Plaisirs, fuyez; perdez tous vos attraits.
Démons, détruisez ce palais.
Partons; et, s'il se peut, que mon amour funeste
Demeure enseveli dans ces lieux pour jamais!

(Les Démons détruisent le palais enchanté. Armide part sur un char volant.)

F I N.

www.ingramcontent.com/pod-product-compliance
Lightning Source LLC
Chambersburg PA
CBHW060639050426
42451CB00012B/2671